Freddy Joel Nanga

Le chapelet poétique

Freddy Joel Nanga

Le chapelet poétique

Éditions Muse

Imprint

Cover image: www.ingimage.com

Publisher:
Éditions Muse
is a trademark of
Dodo Books Indian Ocean Ltd., member of the OmniScriptum S.R.L Publishing group
str. A.Russo 15, of. 61, Chisinau-2068, Republic of Moldova Europe
Printed at: see last page
ISBN: 978-620-2-29922-0

CHAPELET POETIQUE

POESIE

Suprême mot de visage

Noblesses, dans ma tête, c'est comme si une petite esse, un outil sens dessus dessous comme les deux queues d's qui s'accompagnent à jamais dans l's cette merveille de lettre, évitait au monde et son attirail, de tomber sur l'affiche céleste, des étoiles en liesse ; en vautre inouï dans la gêne des fouillis. Puis désolé au bon ange s'il n'est pas l'animal qui balance des ailes. Je me désespérai dans mon zèle, de m'accompagner seul là-haut comme je voudrai, vers les étoiles visibles, dans le ténébreux qui peut-être ont été des mondes ex-écho vers ce côté. J'ai fait ceci-cela, par peur de voir un jour dans ces êtres multivers, un qui me dise dans l'éclair ou illusion : sur elles enlèvent ta main étrange apparition. Si vous me lisez de la sorte chez-vous, ceci n'est qu'essence et tunique d'hivers, qui justifie ma gravité, mon sérieux, et mes productions. A l'adresse de mes ex et intouchables étoiles. C'est mes amours avec la plume méconnue.

Jeunesse, Jeunesse.

La jeunesse, ce temps-là est comme une chance, quand il est tard dans une vie il arrive sans qu'on le veuille. Et maintenant, le temps que met des heures est simultanément si trompeur d'ici qu'il gêne à respirer, car il est de tout prix. Amour mon mystère, laisse-moi parler d'abord pour te prévenir qu'elle ne reviendra plus. Si tu ne veux pas ce que la vie a de mieux, dans cette souffrance qu'elle a de séduire, avec une jeunesse plus qu'il en faut, jour et nuit, laisse-moi à tout le moins me damner par ce baise main forcé. J'en ferai ce que je vis faire ailleurs. Une telle révolution contre mon adolescence, pourrait provoquer pour le restant de ma vie, un amour inoubliable. Pour cette scène qui me fera perdre mon innocence, je connais sur ce passage où j'ai eu besoin de t'en vouloir, la fleur qui fait jeune. Si tu attends demain avant d'être amoureuse de moi, une d'elle fanera, plus rapidement qu'une autre. Oh ! Si seulement je n'avais pas été ce jour-là, celui qu'on a vu on m'aurait cru très sincère.

Serre-moi fort !

Lorsque toute une grande force strangule de concert un cou, sensible dans ma personne, ce que je fais, c'est de constater qu'il est bien pris. Ces doigts fragiles ont donné autrefois des plus amoureux sentiments. On se doit cet amour fort qui pourrait tuer, je voudrais que vous croyiez en moi pour cela. Toi qui veux que je te désire, voyons partout s'il vous plaît, s'il ne reste qu'autrui, que deviendra l'un pour l'autre ? Hélas ! Ce n'est pas assez dit, c'est plus que ce que je veux dire, mais si je n'écoute que chaque chose qui parle en cette façon, où irai-je ailleurs, si ce n'est dans des tatars ? Si vous me voyez venir dans vos mains qui me donne une ambition des moins légères. Dans peu, vous comprendrez que j'attends les bons mots qui se passent dans ces moments, ceux qui s'enfonce rapidement dans les cœurs, comme ceux qui dans le bruit que je veux n'ânonner, me mettront à mon plus gai jour, votre main dans la mienne. Mon être profond a souvent été complice de vos sentiments. Mais cette fois je vous demande de m'enlever ce poids, vous me faites violence.

Une tasse en vers

Dans tes yeux, c'est l'être triste avec la bohémienne, dans le canapé-lit qui l'enlise comme si les jours se resserraient dans leurs entre eux. Où on y lit sans se débrouiller, qu'ils aiment de tout instant de soir d'être deux dans un. Il y a dans l'entre deux, comme une gueule de four ou un nuage machin. Mais qui doit-on être pour savoir comment ils le font, s'ils ne peuvent pas se voir, en front autour d'un verre, sur table jetable ?

Chapeau bas !

Sans violence, hôte prenons le thé secret, qui fera écrire nos secrets, même si te voilà déjà qui t'entend parler. Haute donc la dame, loi du talion, elle m'a bien appuyé la main devant ses lions. Chez-elle, ceux des personnes qui me crurent méchant, m'aiment déjà. Hot, ces légumes qui étaient vivants, c'étaient tous des êtres plantés un par un, par la main de dieu. J'ai appris par mes moyens, à lire dans les intentions, dans les jours d'autres fois. Je retourne par-devant les femmes avec des élogieuses. Je m'éloigne de la fin dans des musiques joyeuses qui me doivent ce secret.

Tous à l'e

Argent à centimes, qui encore sont capitaux d'émotion infime. Il te faut mille et mille fois ô ardu médaille d'argent et l'on dira, comme il a bien exagéré celui qui, comme-ci comme çà te polis pour placer aux pas agiles, sous d'étranges rafales d'inspirations, ceux qui feront une stèle pour des oiseaux de venus, joie de création, qu'aucune griffure sur ce e formé au bord du Styx ne diminuera point, tant en conquête par ceux qui l'ont fait de loin ; qu'en valeur des gens qui en jettent, en toute libéralité, pile et nette, pour se défaire d'un rêve qui vit en eux. Et d'autre qui nage quoique faire à plat, pour toucher ce e d'eux, ou pour en faire quelque pendant d'oreilles en cette forme d'e. Ils s'y mettent sans le grec des légendes, qui vit alaise tantôt d'elle, tantôt de la foi des gens de bonnes foi qui ont deux aile autour de la gerbe d'eau qui glisse sur la douelle, atterrissant et remontant, avec d'étranges mobiles, en jet miraculeux sur les pieds immobiles de l'e en stèle, encombré par toutes ces dations d'enfants et touristes en récréation.

Si peu remercier

Je n'attends pas seulement la fin pour te dire amen, Océan, nom de reine, mère de dieu. Ce jour est en ton honneur, car tu es l'eau du monde et des cieux. À ton dessus c'est tout bleu et vide, et nul ne s'y promène en duplex en temps de pandémie. Mais Ara au-dessus de l'épaule, à vau-l'eau, va-tout des avenues isolées, c'est un pirate qui garde la route de l'amour. Il nous parle si peu tel un bey. Il prit sur lui cette conscience pour des imaginations en tapée d'écrits. Il fait si bien réjouir qu'on voudrait lui donner en bonus, nos milliards de cris. Dis-nous que nous sommes libres, et comme tout le monde, je me masquerai pour rendre l'avenir des innommables, possible à tous les grands arrêts. Mais je m'imagine d'une autre manière, dans cette peinture poétique. Je désirerai devenir un Don, en désignatif qui s'énoncent de l'A à Z, en jaune d'or qui fait envoler en éclat un faux soleil. Je changerai d'écriture pour pouvoir changer les mauvais éveilles. J'y mettrai des demoiselles, des Ara bleu, et des chaleurs sans débâcles. J'ai trahi mon existence dans des grands articles. Qu'on ne m'en veuille pas dans mes raisons, au commencement je n'avais que sel et eau. Au fond je n'ai pas demandé à faire des créations, n'indifférons pas la prunelle où ma montre mène. Amen.

Fille-dieu.

L'amour ne nous retient pas. J'ai tant dit, mais il me faut informer qu'il n'y a pas que eu d'étranges pis, et le plus de choix possible. La garde de la terre, il l'avait encore lorsqu'il était heureux, de découvrir qu'avec des yeux, on commettait le moindre mal. Encore trois fois pardon, si je t'ai hardiment aimé, mais tu vis quand même journée. Dans ce passepasse, il faut faire vivre tout le monde. L'infidèle au ciel vivrait à grand nombre de chiffres si seulement, il écoutait en liberté, celui qui les faisait. L'infidèle était celui qui aimait aimer, de temps en temps apprécier, sous son toit, le dernier jour qu'un an de plus deviendra un tout, dans la part du reste de temps, alors qu'à la veille d'un autre temps, on ne l'aura plus parce qu'on en aura plus. Faites silence ! L'infidèle n'est pas prêt ! Faites émission d'espoir, il ne vivra pas comme ça si des filles-Dieu lui reproduisent une pression sur le cœur.

Pour que tu sois elle.

Une grande partie de la femme, s'il n'est tard sera en passe de son utilité. La femme au féminin, est prise en exemple dans toutes formes d'expressions sensuelles. La femme riche de couleur, et belle en toutes enluminures, douche l'espoir aux autres. Je la vois comme la vie dans un rêve d'éveillé, où tantôt je m'en ferre. J'ai été piqué par l'homme enchanteur qui peut devenir celle-là dans l'illusion rêvé, pour qu'un d'eux n'existe pas. Je refuse l'avoir connu, si je dois regarder celle-là comme une peinture. Je suis diverti, il me prend l'envie de t'imaginer dans la poésie du visible. Et où es dieu, dans ses impossibles exigences lorsqu'ils sont eux, en même ? Éloigné des dispersions de voix qui sont dans le langage, et qui parfois cible mal, si on sait que j'ai tourné en rond, c'est parce que j'ai désiré trouver le dernier tout qui fait ton fondement. Que c'est belle une mère précieuse comme un cheveu de souvenir, que plus d'un jour j'ai lové sans tanner.

L’infidèle d’Embella

Ô comme on rit bien de ce que la maturité à de plus fou. L’infidèle vie au vent, il est en route sur le monde, il repère les lyres, et n’ânonne encore le nom de la nouvelle conquête. Comme dans les amours jeu des jeunes, lorsqu’elle est belle et là. Il lui fait une tâte pour qu’elle en pleure, en belle de nuit dans ses libres danses des mauvaises heures. En Embella, il y eut quelquefois la voix pleurante qui chante les jours d’ombres de vieille solitude des nuits abandonnés, à la lune pleine. Amplifier le cri d’onde une exhortation, deviendra un trop dans la partie. Dans la main c’est une tendreté, et aujourd’hui c’est une rumeur dans les pensées. Il fallait savoir que c'était la saison de l’extrême bienveillance, et des couteaux tirés. Qu’aurait-il fait supposer qu’elle le lui avait dit plus tôt ? Il y a deux milles vingt temps, au départ du temps, depuis qu’il en eut déjà un au temps zéro qui étalèrent l’unicité d’un dieu.

Avant d'arriver

Avant d'arriver, j'étais lointain et dominé, je crois toujours en ta prédiction bien plus qu'en ma croyance caché. Tu es quelqu'un qui sait tout de mon intérieure. Si tu veux, je vie, alors adopte-moi. Puisque je serai peut-être dédaigneux, il faut que ce soit moi qui le dis, moi qui prête du courage, pour me faire une volonté dans l'œuvre de toutes légendes, pour les aventures dans lesquelles je me retrouverai impliqué. Puisqu'on n'a pas cru que j'étais calme, et enchanté, dans les mots dont j'ignore le comment dire. Il faut que je prétende qu'ici sur un mot, je suis moi-même le prince tranquille, de qui j'ai entendu beaucoup de surnaturelle sagesse. Celui qui comme tu le dis, un seul jour rendra probablement orgueilleux. Si on l'autorise toujours apprenez-moi l'homme que je ne connais pas, le câlin, la bise, et l'attention. Apprenez-moi l'amusement des villes du désert, apprenez-moi la bonne manière devant la douceur des mamelles sur lequel je me suis souvent attardé. Apprenez-moi parmi vous, le savoir-vivre avec vous, j'irai jusqu'à ce qui m'arriverait tant qu'il restera un peu de temps. C'est ce qui n'est pas encore qui intéresse l'heureux.

Une terre sur-mesure.

Quoi qu'il me vienne aux oreilles, ces deux oreilles en c, on s'en sert même percé en cédille pour des propos sincère. Sis ici on trouve dans l'air qui a fait cette magie, le temps des vœux sera écourté. Pour nous c'est le soleil, mais il y a là autour ce qui est promis. Il y un dieu qui nous est promis avec un visage seulement à lui. C'est celui qui a écrit la terre avec l'encre en or, on en trouve des extraits partout. Celui qui promet et ne réalise pas, peut perdre une dent. Étranger à l'honneur, celui qui ne nous l'a enseigné avec ce visage, dans cette vie nous aurons cette dent contre toi, si contre serment tu vas.

Comme au Sinaï.

On porte un masque à l'air du crime, et minuit est si noir que, le ciel a prévu de tirer le rideau d'un bout d'ongle, pour qu'une maison se révèle un jour sous une lune. Médusé, je te voyais venir, du dessus du Sinaï. J'ai caché peur et doute ; non vous ne voulez pas savoir, c'est encore mieux d'en rêver. Quand on se défend mal dans le corps du maitre, on descendra sur l'herbe tapis, avec deux plats de quatre excuses chacune, et quelques lacunes de plus, de toutes les façons rien n'est sans l'autre. Il est d'usage que la conviction amarre, la cohue séant dans les doutes. Il est d'usage qu'une voix soit grave ou légère, mais dans la nuit ce qui peut être fait pour qu'un reflet ou quatre viennent de moi, c'est de me déplacer sous ta lumière. Sommes-nous prêt de voir le pas sérieux vers la ligne courbaturé de la colline ? Un dieu, un véto, et rien qui ne sera sans l'autre vient dans le cœur, avec lui j'aurai préfère savoir aussi avec des coups d'avance ce que riche j'aurai. Avec lui j'aurai préféré changé le temps, changé de monde, et recoloré la lune en noir sur blanc, avec une plume trempée dans le modéré. Aujourd'hui encore brille sur moi. Je me trouve où j'habite, et déposséder de ceux pourquoi j'ai fait des privations. Je pense à la loutre de la mer, et à tous les esclaves libérés qui auraient voulu te découvrir sous cette lumière. J'ai été sans le chant comme dans mon enfance et avec un tire-jus, et les longues lignes d'écriture de « chasse au météore », sous l'empire du rêve et comme dans une salle enténébré du cinéma.

Rêve d'un témoin Du ciel

Les campeurs de Christophe, entrainé par le vent du feu, où là-bas sans être oint comme des mémoires mortes, sont-ils partis en blancs et noir, laisser pas au paradis, en arrière de l'une de ces lunes, que nulle colombe ne picote la nuit, le jour, sur les dunes ? Or le temps que j'ai été grand sage, est encore plus lointain que le chemin vers ce lieu d'être esprit. Que c'est bien, mais bientôt terminé là-bas de mon rêve, et des personnages muets que toute ma gentilité pour une étoile, a fait penser en présage au théâtre d'un monde d'après, taquiné en souvenir des blancs et noirs, que de nos yeux nous avons vu, malgré les montés descentes des incluses des cieux, qui viennent pour éprouver l'h sensible, qui écris avec des jumelles dans les honneurs d'un ghetto. Et la grand 'eau, elle a bien fait peur, même lorsqu'on y a jeté sa pièce de monnaie comme alibi. La nuit elle sait si bien revenir seule au solitaire, apporter la clé du sens ouvert du mystère. Et je jure déjà qu'il ne sera pas laid d'y entendre mes pas, un de ses quatre matins. Au nom de la passion de tous ceux qui ont pleuré en son honneur.

Cent patries

J'ai nové, j'étais à des millénaires. J'ai prononcé la divine sagesse qui déballe dieux en aucune façon d'autre pareille, celle dont ici tout le monde parle en mieux. J'ai été choisis dans sans rayon ni pays. Dans mes meilleures Actes, il m'a été posé cette question disant de qui viens-tu : du sage ou de l'apôtre ? Depuis un ciel amplifié par un regard trompeur, et comme pressé par l'esprit sain, par l'écris je fais entendre la voix de la terre. Prévenez maman, appelez les gens, je suis au camp d'avion. Va dire de ne plus chercher l'emmené dans le pavillon. Les spirales ont battu l'air plus tôt que prévu. Aucune présence de dent de panthère, aucune bévue. Que des gifles des averses et de l'égratignure du pointu rayon solaire. Sur l'homme, ton homme tout heureux revenu au pays.

La scène des portraits

Le soleil déborde dans le ciel depuis lors je soupèse mes notes. Il pouvait donc s'agir d'une coiffure que je ne l'aurai pas su ; et je me suis fâcheusement figurer que je n'avais pas tout pour affirmer nettement qu'il s'agisse de la même belle. J'ai ouvert les yeux, et chaque matin avait sa politesse, et c'est surtout pour accroître la même beauté. Hélas c'était beau, et même si je n'ai pas été amoureux j'ai su que ça signifiait certainement quelques choses.

Si tu dis que nous sommes sur le tard, je te dirai que je ne suis pas de l'heure. Je mets à la fois la peine, l'art et le danger, pour être emmené à ceux qu'elle peut devenir. Elle prend partout des aspects de sa nature, pour de ce point devenir réelle dans le monde par la résolution d'un écran. Si elle ne m'a jamais vu, ma poésie se reprécisera d'elle-même. C'est les arcanes ombreux de l'amour propre à mon moi. C'est pour ça que, je veux aller où l'on va aimer celle qui fait le bon visage. Une finesse éperdue, tirée du sable blond, chargé de deviner mes intentions, et qui fera au fonds de l'océan le fond du ciel, par ses yeux bleu astres d'océan. Parterre, ses larmes éclateront en étincelle étoilé. Il y aura tant de fierté à coucher par écris dans le désir des tiers, un personnage d'inspiration et de premier rôle, qui défierai ceux qui postuleront de façon démonstrative, à l'ambition d'une description, d'un portrait réussi. Un personnage complet, qui aura toujours droit à ma réflexion, et qui par une intonation de la voix, me fera affronter le moi du processus mélancolique, quelqu'un qui planera dans l'ouvrage, comme une lumière en allure, et qui par la même force plongera à la Barbade pour chercher le corps à corps avec le dauphin. Elle est réellement tangible, je suis comme dans de l'eau avec celle-là dans l'aisance d'un nouveau moment gagné.

Je l'ai gagné comme un tsar, avec l'arme de l'homme. Je n'arrive même plus à écrire n'importe quoi, sachant bien que, plus que jamais elle est là sans rien me dire, l'image accessible. Bâtir sans fin, j'ai connu ça ! Et maintenant c'est comme si, un vigile de l'esprit vous imposait la bonne volonté. C'est difficile de s'adresser à tout le monde sans commettre de fautes d'accords, et nous tous, en savons ! Mais que la paix continue sur mon chemin de foi, dans d'extraits trop rognés qui ne causeront pas de trouble. Je suis trop innocent, j'en ai l'air, et personne ne s'en doutera ! Être clairvoyant non mais quelle impudeur !

Points de beautés.

Plusieurs étoiles par ciel, et là, je me demande en quels temps sont ces signes communs semés dans le nôtre. J'ai bien envie d'imaginer une synthèse d'observation même si jamais, il n'y aura assez de nuit, certaine plus endormante que d'autres. Quel que soit leur temps, demain c'est demain l'espoir est une rescousse. Quelques-uns se fatiguent, et s'en vont, et alors là ceux qu'on nomme poète, autrefois dans les derniers pensés du chevet, ne sont visibles qu'en rêve désormais. C'est la fin des temps pour une journée. Par d'autres moyens le poète scrute le ciel comme un monticule, et se dit, je désire bien essayer d'autres idées, mais elles me viennent mal. Il aurait suffi que je ne dise rien, mais que je regarde cette figure. Cette figure me donne la quiétude. Cette figure est une grande pensée accoucher à voix basse, en attendant c'est fatale de voir cette figure simple fermer son ciel. Si à leur hauteur j'en trouve d'autres, alors je dirai dans cette obscurité ce que j'y remarquerai, je leur rassemblerai par tant de chose autour d'un vers, comme le pâtissier rassemble autour d'un délicieux gâteau. Sa présence rends pourtant visible les étoiles qui me rappelle ce que je suis, un être mêlé à ce jeu de lumière, enivré par la passion, et qui vit de l'infini et du soleil que le mont tais. Nous nous sommes tous en mêlés, grâce à moi et que dieu sois béni. La terre se retourne, le nuage ouvre le ciel et la nuit retombe, revoilà là figure, et revoici que mes rêves recommencent. Le terrible jour plus grand se lève, et l'ombre noir, lourd, et énorme rend l'espace. Ça continu mais on ne se fatigue pas, et sans nuire à la généralité, on ne daigne s'en étonner, et même jamais d'ailleurs. Le ciel redevient une poésie surréaliste, et l'on s'écrit ô poète est-ce toi le cordon bleu, de l'ordre du Saint-Esprit ou doit-on en attendre un autre ? Peut-être est-il important que la figure daigne toujours répondre d'elle-même, puisqu'elle a le pouvoir de changer chaque jour depuis plus de cinq décennies.

La glace

Ce miroir maitre d'éloquence, reproducteur irréaliste de l'aspect idéale de la forme palpable, qui fera tomber dans l'applaudissement l'anonyme devant la scène. La lumière rapide, et avancée porte la beauté de mon amour, et la place sur cet écran. L'image complice, pousse à voir un visage féminin. Miroir anonyme des confessions, regarde les sorts sans rien faire et sans rien dire d'autre que de la vérité. Con, je demande : est-ce que souvent le masque de ma femme s'ôte ? Met en vitrine quelqu'un, pose le portrait de la lumière de société. Elle qui te dit ô secrète tristesse va savoir qui annule la mort quand la vie explose.

Et tu l'aurais dit, qu'on ne peut pas que se poser des questions, mais que passe encore cette nuit, puisqu'il faut qu'elle s'en aille souvent, pour se réveiller du cauchemar. Quand le temps va changer, tu écriras dans son esprit comme un héros dans la cour des grands. Tu mets lumière à son grand jour, alors du coup tu deviens comme dieu. Et tu crois que c'est pour le choix de ne rien dire qu'elle a quasi souvent dissimulé son éternité dans le noir. Lumière n'est donc pas dieu, et dieu n'est pas que lumière, l'opacité de l'inexistence gardait en captivité son éternité dans le noir. Mais toi avec si peu de réflexion, c'est des deux que tu es l'intermédiaire, car d'eux tu connais leurs limites, tu peux voir celle qui devient la plus belle du monde. Le soir donne, le matin revendique, et une étoile s'aperçoit déjà plus visible. Mire-toi, passe l'éponge et remire toi ! Le temps attend l'occasion qu'on lui manque, pour tous ne redire face à face. J'étais destiné à regarder par-là ?

La tribune

En cette journée de notre sauvagerie, la faute à la place publique m'expose. Elle veut quitter la table sans mon avis, et faire la morte sur un lit. Mais tous ont crié : qu'elle est belle en tout lieu la femme de l'agneau. On n'ignorera rien d'avant nous. Bah, sentons mieux ensemble dans l'air ce qu'on ne voit pas : la persécution d'un insensé rayonnement. Dans la source de la défensive dans des ceci cela pertinent, on comprendra aussi l'élocution lente, et là d'ailleurs c'est des mots emballés d'une ou deux questions sur mille à venir, qui nous doivent ce déséquilibre d'humeur, et cet échange de chaleur. Et même en plus de tous cela, si c'est moi ou si c'est toi, prêts et près, comme dans nos vieux dire divins de tête-à-tête d'être vivant ; nous verrons qu'après que la pluie aura chanté sur notre abri, on aura juste à oublier les preuves. Nous voyons tout se faire, ce qui peut être fait pour éviter ce qui va être mal fait. Ô mon amour, personne ne peut prévoir la tacheté, je manquerai de réaction dans cette chimie, qu'importe, c'est l'amour comme un sonar de dauphin. Mon petit cœur, on la regardait m'humilier, elle a fait savoir que je pleure aussi, et que n'a-t-elle pas fait ô dieu, pour être dans l'esprit de mes discours ? Mais si je te plais toujours chère cœur, comme au début de nos meilleures questions, j'en passerai, et nous avancerons comme le temps pour nous retrouver. Même brisé, moi j'ai certainement ce côté musclé pour refaire l'étreinte, de sorte que nos adversaires nous la regarde faire. En tout cas c'est facile lorsque nous en avons. Qui ne sait pas que nous en aurons ?

Chambre noir

J'ai fermé les yeux avec mille fois un million de raison de le faire. Le monde n'avait plus son éclat. Était-il bleu ? Tous que j'ai vu une fois qu'ils se sont ouverts c'est l'ex tout près, et le souci que tu ne sois point dans ma tête, un visage qui revient plus rapidement dans ma mémoire. Ton visage me venait mais je le cherchai encore, dans toutes les places de mon regard, dans toutes les demeures où je suis entré, pour la tirer avec plus de force. Ce n'est pas la vue qu'il faut me prendre, tout sera encore plus éteint dans l'aveuglement. Ce qu'il fallait me proposer c'est la désensibilisation digitale. O belle de mes jours, les yeux m'ont fait quelque chose, c'est de l'écœurement. Des pierres sur le chemin sont comme des indices de présences pour ceux qui viendront dans le secret. En pierre nos terres, oui mon ignorance pour le tard venu, ne figurera plus tel un étranglement. Viens donc nous ne serons plus seulement des données numériques du digitale.

Bon sens, ou mauvais sens des espaces poétiques

La belle quand elle chez toi, elle crie Jupiter porte un anneau, Jupiter est plus grand que tous, Jupiter est l'un des plus froid ! Jupiter ! Je te remercie lumière de me le faire savoir ; mais combien de temps mets-tu chez-lui dit moi ? Combien de temps roule-t-il autour de toi ? Ô lumière ce que tu montres ne le cache jamais à la terre, troisième point de suspension du système galactique, car la lune elle, me le dira qu'elle veuille ou non ; et quoi de plus logique ! Quand c'est trop tard, la lune elle par contre tourne autour, alors elle oubliera la prudence et le doute lancinant et viendra me dire à en toutes obligeances, qu'il y a une présence qui trouve bon ombre quelque part. Il restera à savoir tous ceux qui sont dans le coup, pour sortir de poche le chronomètre, et imposer des délais de quelques temps pour ce faire. Il y a dans le temps beaucoup de notre intérêt. Même si je ne dépassais pas sa taille, j'ai démontré ton humanité par mon intimité à moment où j'ignorai les rondeurs du monde. C'est l'à peu près d'une histoire de vie, à laquelle je me tire de l'obscur. Dans une pose, je fais comme il faut le monsieur grave, c'est comme si la terre se luxait en cessant de se maintenir sur la sagesse sa fondation. Pourtant je ne suis que le faible qui parle la langue de dieu, avec la lumière qui met l'ombre à ma suite. J'ai besoin de savoir ceux qui m'aiment encore malgré toutes les joies auxquelles j'ai assisté. Le jour baissera, puis l'on se confondra en excuse. Lumière il suffit d'être seul et sans toi pour tout oublier.

Là-haut je perds ce que je cherche, c'est comme une cime de montagne trempé dans un nuage noir: c'est le ciel et sa capacité à prédire, en le regardant on sait qu'il va pleuvoir. On y entend l'avis de tempête annoncé par un tonnerre. On y aperçoit éclat de colère de la foudre, et quand on regarde le ciel de ce côté, quand il y a trop d'étoiles on imagine qu'il s'agit des lumières d'une nuit de saint entre les saints. Dieu n'agit jamais sans prévenir. Et la lune enferme dans un même sein fermeté et tendresse, mais faut-il savoir de qui elle reçoit sa lumière ? Ô qu'elle soit toujours féconde pour le fruit qui porte à son sein sa propre semence. Approche derrière l'apparence d'une toile en noir sur blanc, pour bien regarder mon profil. Là-haut tout est prévu pour la fin, ça dépends du sens de lecture! Je perds l'objectif parce que j'ai eu en vue la lumière qui me laisse en reste, pour une planète qui porte un anneau. Quand tu n'es pas là elle n'est plus la lumière de ce jour. Moi qui pourtant ne dérange personne, si on sait que j'ai dit ce que j'ai dit, on comprendra que même à mon âge il faut encore que l'on chante pour que je pense, et ses musiciennes étrangères autour à qui je sers de chanson, mettez-moi dans vos ombres, et vos scènes je vous vois depuis chez-moi.

C'est la vie : de lion.

Le suicidaire cherche une mort à son goût, jusqu'à la date du temps de son précis dans des : bon bref somme toute, pour finir qui ne sont que des tours qui y font découvrir les périphéries. Un peu parlé fait prendre honnêteté en cœur, et donne d'être quelqu'un des lueurs. En serai-je capable moi aussi ! La leçon on la donne à celui qui fait vivre ce chagrin. La raison nous donne des mots, je veux écrire ma poésie en fine fleur, et j'écris enfin des mots de goûts selon mon bon désir, dans cet art peut-être triste connu à l'amour la poésie, où dans l'émotif je sais dire je t'aime. Et dans les moments de toute éternité, c'est le futur que je préfère sans condition, sincèrement du fond de ma pensée, comme tous ces bons souffles écrits avant la date du temps où je suis né. Que veut-on m'entendre révéler ? Je rénove ma vanité dans des vers libres. Dans ce cahier de texte, je détache justement une part des choix. Sinon, il faudra alors m'entendre redire, que c'est doux le monde qui redonne envie d'un avenir.

Au paradis pudique.

Le temps se cumule plus rapidement dans les textes. Je te vois dans mon siècle réveiller mes souvenirs. Moi qui me suis dit jusqu'à la fin, que nous serons tous un jour ou l'autre des têtes de mort, je repose alors sur des paroles de crayon noir dans la l'inquiétude d'être libérer du ridicule que j'ai fait. Si le ciel met ses raisons à ton âge, tu te souviendras de ce monde que j'ai cherché, et qui s'échappe comme un phare lumineux vers le lointain. Le ciel n'est pas transparent, son passage me pose l'obligation de parler de nous, faisant disparaitre furtivement le but visé. Les mots ne sont pas passe-partout, parce qu'ils changent d'importance. Et je me suis retrouvé à dire que mieux eût valu que je ne me sois par foi exprimé. Un temps ils arrivent, et un autre temps tout concours à ce que les dits mots se vulgarisent. Dans la meilleure fin, un acte de retour finira quand même par arriver. Il conviendrait de laisser faire le temps. Regarde dans le langage de mes yeux, j'invente une raison propice dans cette image à la place publique. Il a fallu que je meure encore une fois, pour que tu sois l'enfant que tu aurais fait de moi par ton génie dans les secrets du cœur. Tu peux aimer le chant, tu peux regarder la télévision, tu peux lire, et écouter la radio, désormais tu peux dire tout indépendamment de l'honneur, de la peur, j'ai payé par ma peine ses tristes chefs d'accusation. Tu auras l'impression que tous qui existe, existe pour toi. C'est un pouvoir exceptionnel ou une idée sensationnelle, de dire que par toi, je suis dans tout ou presque les œuvres de l'esprit.

Maman : dans la maison de mon père.

Le paradis se situe à portée de boulet de canon, une fois qu'on est sa propre cible c'en est fait. C'est drôle à l'idée, car comment comprendre encore, qu'une petite balle de fusil à aider atteindre un lieu, qu'une poussée de mille milliard de volumes des gaz, introduite dans une fusée ordinaire, ne saurait accéder par déflagration. Il ne suffit pas de bondir d'un saut au-dessus de la mer, pour se retrouver à tous les Est où se lève le soleil, il y a d'abord une gravité à vaincre. J'ai donc déjà répondu avec cran à toutes les questions que tu pourrais éventuellement me poser. Je tire la langue pour prouver que ce n'est pas tout mal dit, pour le commun qui le comprendra ainsi, vite après la nature me graciera, d'une infraction qui enlève la dernière innocence. Es-tu comme je te vois dans la maison de ton père ?

Évidemment tu ne sais pas comment tu te retrouves dans tous ceci, parce que à peine né tu as déjà des adversaires. Et enfin tu viens pour que je t'aide une fois de plus, à faire savoir ton histoire pour qu'on reconnaisse, que ce ne sont pas des biens mal acquis. Tu me vois partout, tu marches vers moi, même si tu sais que je suis lavée et que je ne pourrai que te démontrer comme je te sais, en passant en image le passé de ma vie, pour avoir l'ai dépassé afin de t'éviter l'atterrissage forcé, dans l'abîme après tant de terrain dépassé. Oubli la prudence, regarde-moi encore, quand apparait le silence qui oblige à fermer les yeux dans le décor d'une forteresse aussi grande qu'une abbaye d'abbé. Au coin de la maison de ton père, je rentre en moi quelque fois voilà tout ! Je reviens d'une façon comme d'une autre ! Qui dira que je suis parti ? L'auras-tu cru ? Dans un coin à part, je cherche dans mon histoire ce qui donnera un sens à la vie qui m'ouvre un monde, où j'essaye de tirer la bête imbattable dans la pitié par le poil. Ce que tu ne comprends pas aujourd'hui, deviendra objectif demain. Personne ne s'attache à son erreur, en un sens je te souhaite d'atteindre l'avenir.

La flûte de 2018

Allons où foot est, c'est nos jeux, mais pour une étoile en plus, il lui a donné une belle céleste juste à l'espace Est, d'un foot-air terre de miracle. Nous le fan-club dans le holà, comme des oracles, jouons le deux-un, et nulle ne perdra plus ; même si je vois que loin du goal, c'est le goal qui garde ton triplé entre trois piquets. À cause des visages des croates blonde, on a pu ressorti dans le visage de couleur de la France du monde bleu, l'une des trois étoiles lointaines des Amériques accrocheuse, jolie belle, et plus une allusion critique à la belle créature verte d'Arabie, qui ne s'est pas hâté de se décider malgré la flûte ou le pipeau, face à un regard tri-colorié qui perçut le but ouvert aussitôt ! Car à ta frontière ma frontière aussi.

Sous la pluie.

Sans être sûr que cela vienne directement de moi, je ne peux pas bien dire l'intention que l'on puisse avoir quand on dit un mot, sans calculer la chance que ce mot nous pousse à l'excès, tous succès est intolérable. Je suis aussi de la religion du dieu humilier, et dieu merci, je n'avais pas fait de haute prétention. Ce qui me fait dire que je ne veux pas être plus menteur, et rendre les autres comme tel, et puisque je l'ai moi-même vu venir d'en haut, j'ai moi-même levé les doigts. Je l'ai appris de plusieurs pluies, il se peut que ce soit une demi-saison, qui a fait couler le rouleau de l'architecture d'une mer. Il se peut très bien que, nul personne sur la terre n'eut jamais créé cette haute étrangeté, au-delà de quoi je me guéri de l'orgueil. En conséquence, j'autoriserai quelquefois qu'une pluie audacieuse, crachine sur mon corps, dans une planète en herbe, dans des moments de fausses passes. Dans le peu de ce que je sais, dans nos passe-temps, ceux de nous qui tentent de faire la pluie, et les beaux temps, ne le peuvent pas qu'en bien. Mage ou ange, dans le box des accusés, préviens-moi de tes pluies, je n'ai pas dit qu'il ne faut pas en faire. On reverra plus tard, ceux qui savent ne peuvent se contenir de refaire.

Nuages de relais.

Derrière nous, au-devant de nous, au-dessus de nous, et en dessous de nous, c'est le ciel qui fait dire cela. Vivrait-on sur la face d'un bol d'air ? Il dépend encore de comment l'on voit. Un nuage en témoignera lorsque nous le ferons revenir à ce ciel-ci, avec son nœud de la difficulté. Il est pris par les vents, et le temps devient si trompeur. Mais on espère le voir arriver au comble du monde, puis revenir avec espoir, à moins d'un jour comme des milans dans les airs qui étendent des ailes majestueusement dans un chœur. Nuages et milan, forment de la même manière l'ombre sur des chemins vers les épis. Et là je pressenti le chœur dire, donnons-lui cet amour même s'il s'en fui déjà.

Arc dans le ciel.

Regarde tout le soleil d'ici, qui tends au jaune avec ces rayons arrosée de tout haut. L'écharpe de venus en est tout colorée, tel un centre d'attention elle n'est visible que d'en face. Pour peindre tous ses cas de figures doré, venez à moi les mots, quand je crois avoir plus que l'expérience qu'il faut. Des couleurs sont nés et ont des odeurs. Pour le choix je n'ai pas eu à accepter dans les couleurs merveilles, que du blanc et noir, ou du noir et blanc, parce qu'un jeune reste un jeune, à cause de ses qualités courbes. Je voudrai en faire un mouchoir.

Un pot avec le gendre.

Médiateur, si vous vous entremettez dans une quelconque lutte d'être vivant prenez avec vous cette fleur bleue, parez-vous bien d'elle, et venez. Elle est l'ascension du hasard dans le monde dans l'occasion que la nature se donne d'être répandu, dans la douceur de son jour bleui. Dans une blancheur immaculée, évitez de mériter sa beauté. Il y a eu elle dans la blancheur de la journée, et il y a eu moi ! Parce qu'il est très difficile de vivre en hivers, il fallait comprendre que libre elle fanera, mais c'était le pot au noir entre nous, et le mauvais sujet. Médiateur, vous son héros, tendez l'oreille et écoutez-moi, dites-lui qu'on me l'a enlevé d'une façon assez curieuse dans sa particularité. Vous me demandez ma fleur bleue, mais sachant dès longtemps, qu'elle s'en ira j'ai su aussi que c'est encore la vie et la lumière qui me feront revenir d'autres, dans le plaisir de me savoir confus dans mon quotidien. Ailleurs elles changent tout le temps en faveur de la diversité, et jusqu'à présent je cherche des comparaisons, par elle je peux voir tous les autres. Pour éviter le risque de mêler les autres dans ce que je ne comprends pas moi-même, prenez-là vous-même, puisque rien n'est fait à tout jamais alors toujours je serai innocent. Oui voilà ou on en est. Je reprendrai toujours ma guitare avec la même dextérité qu'au point de départ ; car fidèle à moi elle m'aime pour elle.

Javelot arme des armées proches

Mais Pour ne guère exagérer dans les casses de la terre, et les prises de tête audacieuses, les forces de l'ordre sont armées de terre.

Ou

Vous encore armée de l'air, dans des drones en essaim, qui vont de soi, et comètes des grandes bases spatiales, dites-moi la tête que j'ai là-haut quand je milite en émoi.

Et

au niveau du monde, c'est les militaires de la mer, et des fleuves de nos eaux nautiques, sous des ponts, et en sauvetage avec des bouée en anneau, du haut de leur poitrine bondé, hautes et bien tapotées par les célébrités solennelle.

Donc

après cela, comment taire la femme vigie et vivante de cette même amerrie qui flamme en elle, une nuit après laquelle on demandera mille de plus. Étant tard, c'est toi, oui toi l'armure rapproché avec nous.

Or

Je sais quand même que m'aime la police, chez qui le fou-rire restent le même en coulisse, après les prises d'assaut, et le bracelet des erreurs inciviles. Mes mille civilités à eux en campagnes et villes.

Ni

Quelques-uns de plus que sont les habits noires, à qui je dis : en allant où vous allez n'oubliez-pas aussi de tourner à mes alentours, tous après tous et en ronde.

Car

J'ai écrit pour vous toute la chanson d'aujourd'hui de nos jours.

On est les scéniques

Restons prudent, tué prends déjà du temps. Le rusé embrasse ses victimes en entours, dit bas l'abus sacré, sans baiser Centre-Est, de sorte qu'elle pleure à aller le voir, qu'elle pleure à vouloir sa propre mort. L'anime de curiosité dans de minime textes d'écris, où il peut écrire que : je veux te voir en réalité ; je ressens rien que du doute, à quoi je n'ai pas de paix, à croire que mon amour du bien simple m'aère, une émotion rude à ressentir dans l'écart. Vient, on s'aide, un plus une autre, je te désire je veux te parler tous les soir. Si encore on se dit quelque chose, ça sera je t'aime fort ma chérie. Étirons notre avenir ensemble, il faut un jour pour commencer le nouveau monde quel que soit le passé.

Ténébreux Matines.

Adorable orpheline, victime d'invite et de mes ténébreux Matines.

Pardonnez-moi, je suis Refreddy, je n'étais qu'un archer pour cupidon.

Voyez-moi, j'ai tant de larme à la main, et j'avoue que ce n'est pas des dons.

Mais moi je rêverai mieux si tu le veux car tu es le fatum que je veux avoir.

Tu sais, je sais, que là c'est toi présente pas comme toutes.

La première fois tu étais à la une des bonnes aventures, belle et rebelle sans doute,

dans un petit show, de feu de café-concert d'où

rechercher fait trouver, d'où

c'est en vogue l'amour facile

à retenir par cœur,

tel un te deum.

Aux creux des bruits

Les jours flues du soleil que nulle pluie n'éteint.

Il est celui qui nous tue à petit feu comme si nous vivions en secret.

N'en dit rien avec la bouche pleine, si tu veux savoir, savoir ce que pense les sages,

pille tout à coup, quand il fait beau, les milles blé, pile forte sur des tiges ruinées,

empile encore à la tombée, au levé, rempile pour que ça lève encore demain dans les campagnes.

J'aurai eu cette chance

D'on ne s'explique pas je suis allé parler du confidentiel. Soit ici, qu'on entende bien ce dire : les qui d'autres en ce petit coin murmure autant de propos miracles, sur le seule ton d'une envie ? Le plus possible j'ai mimé en secret les cris de chant d'amour. Qu'y a-t-il de si sacré que la liberté du lieu ? Qu'y a-t-il de si honteux que le plaisir qu'elle donne ? Chères chérubins avec elle là, il n'y a pas le moins du monde, que tous les grands enfants du monde, loueront plus tard, ce que cette vierge n'a point confessé. Ô mes seigneurs les voici déjà qui ne s'attristent pas ce dimanche, grâce aux chœurs que l'amour ce chant y fait lever.

Belle tombe !

Ohé là-dedans où su se tenir dieu.

Je revêtirai d'eau une vieille pose abîmé;

en noir sur blanc serait-ce mieux ?

Où tu vois la honte là-dedans se meuvent, d'êtres aimés.

Sous l'Arbre

Nous ne connaissons pas nos parents, à qui crois-je le dire dans une guerre de jungle où nul ne voit d'homme en tout homme ! Œdipe ! Je remarque qu'ils savent, mais si je hais un humain contre un autre, l'ennemie m'aimera au moins pour ça. Ô son de la belle voyelle, je t'expire comme au théâtre le poème fort habitable. Je pleure au nom du roi qui tient ses feuilles, dans mon arbre misérable, qui sort dès lors des cœurs avant l'an vert, et l'année du nombre double, là où je garde mon espoir pour mieux la voir, parce que je veux juste qu'elle existe. Je me donne aux longs chemins sous la lune, et au soleil qui refuse de me prendre. Je te cherche ô dieu dans mes jours en paix d'autres fois, et malheur à moi si je me trompe. Lisons et rions, de ma douleur qui s'écrit parce qu'elle sort par où je souris de joie. Que la pitié des riches en ma faveur relève ma tête. Que toujours nul n'ose s'approcher de moi sans hypocrisie, je ne voudrais exister qu'à mes yeux et aux tiens aussi. Met-moi là avec mes insolences, et sois le seul à te souvenir de moi quand j'y serai. Qu'aucune adversité ne change rien à ma vie dans l'ombre, parce que j'ai été de ces enfants qui ne doivent pas vivre en dessous de la croix des gens supérieures.

Verset

Adam, sa femme, et les suivants à votre attention s'il vous plaît. Je nous renoue quand nombre dort de cette mort en or pas lent ni longue.

Oui c'est moi vous dis-je, haut à plus d'un mètre qui pose sur l'horizon des rues vides où je me sens en mode.

Je suis votre homme de Golgotha celui des lettres brèves de matins intrépides, l'homme, qui a peut-être peu d'espoir dès qu'il a peur d'être seul le soir.

C'est mon enfant dans une enceinte, un enfant de minuit et de réveillon fait dans ce poème que je rebelle sur un pense bête.

On l'a et je l'ai souvent eu dis-je, où donc est-elle pour me dire qu'il est de moi ?

Littéralement j'ai déjà vécu sans l'enfance de l'ancien.
Et même après ce présent non je ne mourrai plus je vivrai avec autant d'âme.

Fausse accusation

Nous t'avons loué, et fleuri, dans ma façon, en tant que garçon.

Aïeul nous t'avons dit à adieu, mais c'est encore à dire en soi

à toi qui reviens parfois.

Et l'on me dit qu'il n'est encore là seulement pour qu'une fois de plus,

C'est-à-dire, pour être toujours dans le besoin d'aller,

un secours, un coup de pouce, et dans les cœurs un pépé.

Et continu chérubin tonnerre, déverse ta tourmente, puisses-tu reprendre ton envie.

Et fais-nous revenir le cadeau vide qui n'aurait pas servie.

Bouche envahie de cris de nulle part, à mon tour j'ai été feu.

C'est la faute aux éclairs si je suis côté mère ou bien des deux,

à celui que la mort nui dans la nuit des oublis.

Ô poésie

J'ai vu la liberté comme au jour où je l'ai rencontré. Et pourquoi ne l'aurai-je, alors que je la vois. C'est ma liberté qui met l'eau dans le ciel, et la terre dans l'espace, et sans lien d'union je souhaite faire le sain rapprochement. Je prends le mot à la lettre mais surtout le son à l'écho. Je tisse l'un et l'autre, au trait d'écrits pour un mariage de la raison. Et voilà que m'a poésie est prête. Elle est écrite dans d'autres termes. Je reste sensible à la franche poétique, et je m'en félicite. Il n y a pas plus d'une sans les autres, tous comme il n'y aura pas cent, sans les uns qui en feront le nombre. Comme celle d'un dieu qui aime être connu elle est m'a créature qui m'aime pour moi, et par elle je me découvre réelle à mes yeux. Elle est exacte quand elle parle des choses sur lesquelles j'ai maîtrise par sa poétise. Elle claque la bise à la femme, par des mots des mêmes hauteurs. Encore je porterai une crinière pour réunir par un premier bruit de rugissements, une grande quantité de toute sortes d'hommes partout dans les loin lieux. Le sagittaire détiendra toujours son arc de triomphe pour trier par cent, tous les innocents de l'amour de la guerre contre l'amour. Je le ferai sans effacer du cœur l'affliger. Dans une intelligence de course, elle m'évitera d'atteindre je l'espère le sommet vers le bas. Ô poésie miracle des temps, tu es ma première, je suis ton candidat déclaré, je veux acquérir ta pratique. Que rêver de mieux ? L'ambition est à la fiche. La parole d'un poète procure le bien, lorsqu'elle est dite à temps utile par des êtres vivant.

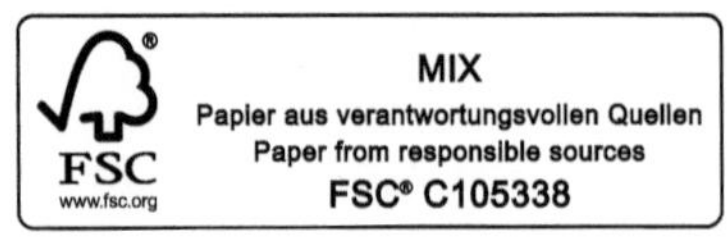

Printed by Books on Demand GmbH, Norderstedt / Germany